ÚLTIMOS POEMAS

VICENTE HUIDOBRO

ÚLTIMOS POEMAS

Prólogo de Óscar Hahn

VISOR LIBROS

VOLUMEN MCCXIV DE LA COLECCIÓN VISOR DE POESÍA

Cubierta: R. Delaunay

Isaac Peral, 18 - 28015 Madrid
www.visor-libros.com

ISBN: 978-84-9895-514-9
Depósito Legal: M-34863-2023

Impreso en España - Printed in Spain
Gráficas Muriel. C/ Investigación, n.º 9. P. I. Los Olivos - 28906 Getafe (Madrid)

VICENTE HUIDOBRO: MUERTE Y TRANSFIGURACIÓN

Calificar el proyecto creacionista de Vicente Huidobro como «deshumanizado» no tendría nada de raro (después de todo es el término que Ortega y Gasset le aplica al arte vanguardista), si no fuera porque el poeta se propone precisamente lo contrario. Es así como en la muy citada carta a Tomás Chazal sostiene que uno de los procedimientos del creacionismo consiste en «humanizar las cosas» y da como ejemplo el título de su libro *Horizon Carré*: «Todo lo que pasa a través del organismo del poeta debe coger la mayor cantidad de su calor. Aquí algo vasto, enorme como el horizonte, se humaniza, se hace íntimo, filial, gracias al adjetivo 'cuadrado'. El infinito anida en nuestro corazón».

Sin embargo, no es en los libros creacionistas más militantes donde palpita el verdadero latido de lo humano, sino en su libro póstumo *Últimos poemas*, que se compone de textos recogidos y ordenados por su hija Manuela, e impreso en 1948, meses después de la muerte de Huidobro. Muchos de esos poemas se habían mantenido inéditos hasta entonces, y otros habían aparecido en las revistas *Mandrágora*, *Amargo*, *Pro-Arte* y *Multitud*, de Santiago; *Romance* y *Cuadernos americanos*, de México; y *Sur*, de Buenos Aires. A pesar de que el poeta no pudo intervenir en la organización misma del volumen, de todos modos la obra posee unidad de sentido, porque la mayoría de esos textos fueron el producto de motivaciones análogas, en un período delimitado y crucial de su vida, lo que les proporciona una coherencia natural.

Hay en ellos una vulnerabilidad que el poeta o sus dobles verbales no tenían en los otros libros, a pesar de que por ahí declara con arrogancia: «Yo soy invulnerable». El pequeño Dios o el Anticristo nitzcheano han cedido el paso a un sujeto menos seguro de sí mismo. La nueva voz es la de un yo biográfico, ligado a hechos concretos de la vida del autor: el impacto de la guerra, la renuncia a los valores que sustentó en el pasado, el dolor por la Francia ocupada por los nazis, el amor a su hija, y la muerte de su madre, temas que rara vez están mediatizados por una carga excesiva de imágenes creacionistas. Mientras en etapas anteriores, si se hablaba de la familia, esta la componían seres inventados por la fantasía —como el sobrino de la luna, la hija del viento norte, o la prima del tiempo—, los personajes que circulan en los *Últimos poemas* tienen la gravitación de lo real.

Por otra parte, el sujeto poético deja de ser una voz olímpica e individualista y sufre un proceso de humanización: lo que desata el canto ya no es el legendario narcisismo de Huidobro, sino la preocupación por el destino de la humanidad. Esto se puede ver en el poema «Cambio al Horizonte», en el que aboga por la abolición del tenebroso hombre de ayer, amasado con miedos y «seculares odios» y anhela un hombre del amanecer, solidario y transparente, que «aprenda la amistad de la luz / y el buen sentido de las manos unidas como flores poderosas».

Curioso el destino de Vicente Huidobro: fundó el creacionismo para alejarse de la realidad y de la vida, mediante la invención de mundos autónomos, puramente verbales, y terminó volviendo a ellas, estremecido y transfigurado justamente por esa realidad y por esa vida, a las que había buscado desafiar. «La verdad artística empieza allí donde termina la verdad de la vida», había escrito en su *Manifiesto de manifiestos.* En cambio, ahora dice que el hombre debe construir los astros venideros «con la voz de la vida que te enciende las alas». Estamos así frente a una verdadera conversión poética, que tiene límites precisos: el período que empieza con la Guerra Civil Española de 1936, atraviesa la Segunda Guerra Mundial, y culmina en los últimos días del poeta. Durante este periodo, Huidobro se enfrenta a las varias dimensiones de la muerte: al holocausto masivo de sus semejantes, al fallecimiento de su madre, y a su propia mortalidad, al ser herido dos veces, una de ellas en la cabeza, durante su permanencia en Europa como corresponsal de guerra, entre los años 1944 y 45.

A esta etapa de su vida y de la historia parece aludir en el título de uno de sus poemas, escrito en 1944: «Edad Negra», en el cual «solo se oye la lengua del sepulcro / llamando a grandes gritos», mientras Huidobro pregunta angustiado si es necesario tanto hielo y tanto suplicio «para futuras voces nuevas». Actitud que contrasta con la de algunos personajes de su novela *La Próxima* (1931), que estaban dispuestos a pagar cualquier precio, incluso la destrucción del planeta, como mal necesario para el alumbramiento de un mundo nuevo. Y mientras muestra a los combatientes flanqueando ríos y mares con la cabeza ensangrentada y cayendo desplomados «como pájaros ilusos», en medio de caballos enterrados en el fango y de aviones destrozados, lanza una advertencia pacifista a las generaciones futuras: «Guárdate niño de seguir tal ruta».

Es por eso que el célebre poema «Monumento al Mar» se inserta en el libro con mucha propiedad, desde los versos de apertura: «Paz sobre la constelación cantante de las aguas / entrechocadas como los hombros de la multitud / Paz en la tierra a las olas de buena voluntad», hasta los versos que lo cierran, en el que reaparece el tema de la brevedad de la vida y de la proximidad del fin: «De una ola a la otra hay el tiempo de la vida / De sus olas a mis ojos hay la distancia de la muerte».

Algo premonitoriamente terminal hay en los *Últimos poemas*, que transforma el libro en un «diario de muerte», por usar la expresión acuñada por Enrique Lihn. Pero ya no se trata solo de la conciencia de la muerte, también presente en sus libros anteriores, sobre todo en *Altazor*. Ahora esa conciencia está superpuesta al sentimiento de la muerte. Y subrayo la palabra sentimiento. Porque el mismo hombre que en 1926 recomendaba en *Vientos Contrarios*: «No escribas con sangre de tu corazón. Qué importa el corazón», en su madurez reconoce: «Qué pequeño es el mundo / cuán grande eres corazón / mirado desde aquí / en medio del torbellino de esta guerra», y dice que su dicha sería crear una planeta en forma de corazón.

El cambio del poeta es visible desde la composición que inaugura el libro, «El Paso del Retorno», escrita en septiembre de 1945. Es el testimonio de alguien que ha pasado una temporada en el infierno bélico y que regresa tan transfigurado por esa experiencia («Traigo una alma lavada por el fuego»), que se ve obligado a reevaluar toda su trayectoria: «Atrás quedaron los negros nubarrones». O: «Ya no hay banalidades en mi vida». Y se refiere críticamente a sí mismo, como «el que daba vuelta las páginas de los muertos / sin tiempo sin espacio sin corazón sin sangre», es decir, completamente abstraído y evadido de la vida y de la realidad histórica. También ha cambiado su actitud ante el fenómeno mismo de la guerra. Recordemos que frente a la primera conflagración, que también lo encontró en Europa, Huidobro había tenido la típica actitud de muchos vanguardistas europeos, para quienes el conflicto era una contradictoria mezcla de tragedia y celebración, dado que con él desaparecería el mundo obsoleto que veían como un obstáculo para su proyecto renovador.

Guillaume Apollinaire hablaba arrobado de la belleza de los cohetes que iluminaban la noche durante la contienda, y había llegado a decir: «No lloréis por los horrores de la guerra / Antes de ella solo teníamos la superficie de la tierra y de los mares / Después de ella tendremos los abismos / el subsuelo y las rutas aéreas». El mismo Huidobro había escrito en francés y publicado en España, en 1918, un texto titulado *Hallali. Poeme de la guerre*, inspirado en el conflicto de 1914-1918. En ese libro, los elementos propios del escenario bélico decoraban los poemas según la función creacionista que pudieran cumplir. Por ejemplo: «La sombra de un soldado / yacía en un agujero». O: «Y mejor que un perro / el cañón vigila / A veces / Ladra / a la luna». Pero el poeta no se detiene demasiado en la tragedia que representa la guerra, porque piensa que ella —es la partera de un futuro mejor: «Un pájaro cantará sobre el arco de triunfo», dice.

Esta perspectiva no puede ser más ajena a la de «El Paso del Retorno». Aquí el poeta viene de regreso «de donde no se vuelve» y hace al andar «el ruido de la muerte», como si fuera una especie de precario sobreviviente o cadáver ambulante, que arranca el llanto de los árboles, los pájaros y el viento. «¿En dónde estabas? ¿En qué alturas en qué profundidades?», se pregunta Huidobro; y él mismo se responde: «Andaba con la Historia del brazo con la muerte». Es la vivencia de la muerte lo que le ha revelado su verdadera identidad: «Ahora sé lo que soy y lo que era / Conozco la distancia que va del hombre a la verdad / Conozco la palabra que aman los muertos».

Huidobro estaba muy consciente de la transfiguración a la que hemos hecho referencia. En una entrevista que apareció el 26 de septiembre de 1946, en la revista *Zig-Zag*, de Santiago, Jorge Onfray le pregunta: «¿Hasta qué punto ha cambiado su poética el contacto directo con la experiencia brutal de la guerra?». Y el poeta contesta: «Muchísimo tiene que transformarnos la guerra... Pasar días y meses por sobre moribundos tiene que modificarnos; el choque tan acelerado de las sensaciones y de los sentimientos debe forzosamente hacernos variar. No solo mi poética, sino toda mi persona y mi manera de mirar la existencia y de sentirla, tienen que haberse transmutado».

Entre los *Últimos poemas* ocupan un lugar de preeminencia las composiciones dedicadas a la madre de Huidobro, tema de antigua data en su poesía. Ya en su primer libro, *Ecos del Alma* (1911), había incluido un poema titulado

«Amor de Madre», en el que cuenta una historia melodramática, muy a la manera del romanticismo español, que se clausura con los siguientes versos: «Decid: ¿por qué este pobre está tan solo? Señor, me repondió, su madre ha muerto». En ese mismo libro figura «Stabat Mater», que es un elogio a la condición maternal de la Virgen María. Y en las *Pagodas Ocultas*, una colección de prosas poéticas publicada en 1914, hay un «Salmo a la Madre», que contiene imágenes muy semejantes a las que empleará Huidobro en el Canto II de *Altazor*: «Madre, cuando hablas se abren puertas luminosas en el infinito». Rememoremos también estas menciones del Prefacio de Altazor: «Mi madre hablaba como la aurora y como los dirigibles que van a caer». O: «Mi madre bordaba lágrimas desiertas en los primeros arcoíris». La figura materna es una presencia permanente en la poesía de Huidobro, desde sus libros juveniles hasta los manuscritos finales. Solo que esta vez la realidad ha agregado otro hecho que lo remece profundamente: la muerte de su madre, doña María Luisa Fernández, en 1938.

Últimos poemas recoge no una, sino tres elegías inspiradas en ese tema: «Coronación de la Muerte», «Madre» y «Veo el Universo Reducido». En la tercera de ellas, la cosmovisión del poeta ha sido completamente alterada y encauzada por la enorme pérdida: «Veo el universo reducido / a una caja entre cirios y flores que se despiden», dice Huidobro. El poema despliega imágenes de una gran ternura, en las que se produce un trueque de roles entre la madre y el hijo: «Yo mecía tu cuna de la muerte / como un día meciste la cuna de mi vida / Mecía tu ataúd hecho un jardín», y en seguida se inscribe en esa milenaria tradición para la cual la muerte es un viaje y el ataúd una embarcación funeraria: «¿Qué barco es este que tiene tanta prisa / que desgarra las anclas de nuestro corazón / y corta todas las amarras?». Pero a Vicente Huidobro el universo se le siguió reduciendo paulatinamente, hasta que el 2 de enero de 1948 alcanzó el tamaño de su propio ataúd. Un derrame cerebral puso fin a sus días.

Francisco de Quevedo, uno de los nombres más significativos del clasicismo español, escribió en el siglo XVII: «Y no hallé cosa en qué poner los ojos / que no fuese recuerdo de la muerte». Tres siglos después, esos antiguos versos pudieron haber presidido el libro póstumo del más vanguardista de los poetas hispanoamericanos.

Oscar Hahn

Depositaria, por voluntad expresa de mi padre, de todos sus manuscritos, no he querido dilatar por más tiempo la publicación de aquellos poemas que constituyen su obra inédita. He creído oportuno, eso sí, agregar algunos de sus poemas ya aparecidos en revistas, para que, de este modo, se pueda apreciar en su conjunto todo el trabajo poético de su madurez.

A la memoria de mi padre adorado dedico este trabajo, hecho con inmensa ternura y veneración.

Manuela Huidodro de Yrarrázaval

EL PASO DEL RETORNO

A Raquel, que me dijo
un día: «Cuando tú te
alejas un solo instante,
el tiempo y yo lloramos».

Yo soy ese que salió hace un año de su tierra
Buscando lejanías de vida y muerte
Su propio corazón y el corazón del mundo
Cuando el viento silbaba entrañas
En un crepúsculo gigante y sin recuerdos

Guiado por mi estrella
Con el pecho vacío
Y los ojos clavados en la altura
Salí hacia mi destino

Oh mis buenos amigos
¿Me habéis reconocido?
He vivido una vida que no puede vivirse
Pero tú Poesía no me has abandonado un solo instante

Oh mis amigos aquí estoy
Vosotros sabéis acaso lo que yo era
Pero nadie sabe lo que soy

El viento me hizo viento
La sombra me hizo sombra
El horizonte me hizo horizonte preparado a todo

La tarde me hizo tarde
Y el alba me hizo alba para cantar de nuevo

Oh poeta esos tremendos ojos
Ese andar de alma de acero y de bondad de mármol
Este es aquel que llegó al final del último camino
Y que vuelve quizás con otro paso
Hago al andar el ruido de la muerte
Y si mis ojos os dicen
Cuánta vida he vivido y cuánta muerte he muerto
Ellos podrían también deciros
Cuánta vida he muerto y cuánta muerte he vivido

¡Oh mis fantasmas! ¡Oh mis queridos espectros!
La noche ha dejado noche en mis cabellos
¿En dónde estuve? ¿Por dónde he andado?
¿Pero era ausencia aquella o era mayor presencia?

Cuando las piedras oyen mi paso
Sienten una ternura que les ensancha el alma
Se hacen señas furtivas y hablan bajo:
Allí se acerca el buen amigo
El hombre de las distancias
Que viene fatigado de tanta muerte al hombro
De tanta vida en el pecho
Y busca donde pasar la noche

Heme aquí ante vuestros limpios ojos
Heme aquí vestido de lejanías
Atrás quedaron los negros nubarrones
Los años de tinieblas en el antro olvidado
Traigo un alma lavada por el fuego
Vosotros me llamáis sin saber a quién llamáis
Traigo un cristal sin sombra un corazón que no decae
La imagen de la nada y un rostro que sonríe
Traigo un amor muy parecido al universo
La Poesía me despejó el camino
Ya no hay banalidades en mi vida
¿Quién guió mis pasos de modo tan certero?

Mis ojos dicen a aquellos que cayeron
Disparad contra mí vuestros dardos
Vengad en mí vuestras angustias
Vengad en mí vuestros fracasos
Yo soy invulnerable
He tomado mi sitio en el cielo como el silencio

Los siglos de la tierra me caen en los brazos
Yo soy amigos el viajero sin fin
Las alas de la enorme aventura
Batían entre inviernos y veranos
Mirad cómo suben estrellas en mi alma
Desde que he expulsado las serpientes del tiempo
    oscurecido

¿Cómo podremos entendernos?
Heme aquí de regreso de donde no se vuelve

Compasión de las olas y piedad de los astros
¡Cuánto tiempo perdido! Este es el hombre de las lejanías
El que daba vuelta las páginas de los muertos
Sin tiempo sin espacio sin corazón sin sangre
El que andaba de un lado para otro
Desesperado y solo en las tinieblas
Solo en el vacío
Como un perro que ladra hacia el fondo de un abismo

¡Oh vosotros! ¡Oh mis buenos amigos!
Los que habéis tocado mis manos
¿Qué habéis tocado?
Y vosotros que habéis escuchado mi voz
¿Qué habéis escuchado?
Y los que habéis contemplado mis ojos
¿Qué habéis contemplado?

Lo he perdido todo y todo lo he ganado
Y ni siquiera pido
La parte de la vida que me corresponde
Ni montañas de fuego ni mares cultivados
Es tanto más lo que he ganado que lo que he perdido
Así es el viaje al fin del mundo
Y esta es la corona de sangre de la gran experiencia
La corona regalo de mi estrella
¿En dónde estuve en dónde estoy?

Los árboles lloran un pájaro canta inconsolable
Decid ¿quién es el muerto?
El viento me solloza

¡Qué inquietudes me has dado!
Algunas flores exclaman
¿Estás vivo aún?
¿Quién es el muerto entonces?
Las aguas gimen tristemente
¿Quién ha muerto en estas tierras?
Ahora sé lo que soy y lo que era
Conozco la distancia que va del hombre a la verdad
Conozco la palabra que aman los muertos
Este es el que ha llorado el mundo el que ha llorado
resplandores

Las lágrimas se hinchan se dilatan
Y empiezan a girar sobre su eje
Heme aquí ante vosotros
Cómo podremos entendernos Cómo saber lo que
decimos
Hay tantos muertos que me llaman
Allí donde la tierra pierde su ruido
Allí donde me esperan mis queridos fantasmas
Mis queridos espectros
Miradme os amo tanto pero soy extranjero
¿Quién salió de su tierra
Sin saber el hondor de su aventura?
Al desplegar las alas
Él mismo no sabía qué vuelo era su vuelo

Vuestro tiempo y vuestro espacio
No son mi espacio ni mí tiempo
¿Quién es el extranjero? ¿Reconocéis su andar?

Es el que vuelve con un sabor de eternidad en la
garganta
Con un olor de olvido en los cabellos
Con un sonar de venas misteriosas
Es este que está llorando el universo
Que sobrepasó la muerte y el rumor de la selva secreta
Soy impalpable ahora como ciertas semillas
Que el viento mismo que las lleva no las siente
Oh Poesía nuestro reino empieza

Este es aquel que durmió muchas veces
Allí donde hay que estar alerta
Donde las rocas prohíben la palabra
Allí donde se confunde la muerte con el canto del mar
Ahora vengo a saber que fui a buscar las llaves
He aquí las llaves
¿Quién las había perdido?
¿Cuánto tiempo ha que se perdieron?
Nadie encontró las llaves perdidas en el tiempo y en las
brumas
¡Cuántos siglos perdidas!

Al fondo de las tumbas
Al fondo de los mares
Al fondo del murmullo de los vientos
Al fondo del silencio
He aquí los signos
¡Cuánto tiempo olvidados!
Pero entonces amigo ¿qué vas a decirnos?
¿Quién ha de comprenderte? ¿De dónde vienes?

¿En dónde estabas? ¿En qué alturas en qué
profundidades?
Andaba por la Historia del brazo con la muerte

Oh hermano, nada voy a decirte
Cuando hayas tocado lo que nadie puede tocar
Más que el árbol te gustará callar

CORONACIÓN DE LA MUERTE

Moría una paloma bajo los grandes árboles del mundo
¡Cuán amargo es el aire de los países que desfilan!
Las nubes te despiden entre pequeñas lágrimas en busca de un apoyo celeste
Moría la rosa en su temblante pedestal ¡Cuánta leyenda cantada por las tardes en diversos tonos!
El llanto se esparcía por las piezas oscuras
Moría la flor-paloma y el hijo ponía su dolor en el pecho del mundo
Se iba la flor-paloma por el aire y un gran silencio caía en los caminos
Yo quiero hablaros de los ojos de la muerte Del suspiro postrero
De las maneras de morir tan distintas como los andares
Hijo ¿qué haces de tu dolor? Los meses van a venir Los años las primaveras
Cortejo de sol y estrellas con tanto espíritu y variadas voces
He puesto mi alma en ese último suspiro y por lo tanto ¿qué ha de ser de mí?
Tierra sin árboles corazón sin hierbas ni palomas ¿cómo puedes andar entre esperanzas ajenas?
¿Qué voz solemne ha salido de su almendra? ¿Qué canto es ese que era el mío y desconozco?

El mar se llena de alma y las rosas escuchan y las arenas
no saben qué hacer ni qué decir
Así se muere Un airecillo leve entre los dientes
un temblor en los pétalos un reflejo de rocío
extrahumano en los cabellos dolorosos y resignados
¿Qué voz solemne viene entrando en este árbol de
memoria frágil como el humo y las cuerdas del arpa?
¡Qué llanto milenario de tribus en la noche y de edades
perdidas enlaza los pechos de los siglos?
Qué alarido de buscadores de fortunas asesinados en los
bosques oscuros
Qué sollozo de sueño horrendo bajo el techo caído de repente
La sonrisa era cosa del alba
La otra orilla de la amargura El tiempo de las semillas
trae un brillo en sus espadas una capa de gloria sobre
los hombros
La sonrisa era cosa de magnolia era cosa de ropas
lavándose en el río entre espumas
La sonrisa era cosa de frutas y ventanas abiertas Era cosa
de colores disparados al sol
¡Oh suspiro de los muertos! ¡Oh alma hija de mis
rosas! Oh flor-paloma ¿Por qué me has deshojado al
deshojarte?
Llega el suspiro Todo es inútil Oh viento del otro lado
tan ansioso de su sitio
Se fue se va el suspiro Y yo me voy con él empujando las
puertas de la muerte

SOLITARIO INVENCIBLE

Resbalando
Como canasta de amarguras
Con mucho silencio y mucha luz
Dormido de hielos
Te vas y vuelves a ti mismo
Te ríes de tu propio sueño
Pero suspiras poemas temblorosos
Y te convences de alguna esperanza

La ausencia el hambre de callar
De no emitir más tantas hipótesis
De cerrar las heridas habladoras
Te da una ansia especial
Como de nieve y fuego
Quieres volver los ojos a la vida
Tragarte el universo entero
Esos campos de estrellas
Se te van de la mano después de la catástrofe
Cuando el perfume de los claveles
Gira en torno de su eje

RECUPERAR EL CIELO

Recuperar el cielo
Recuperar la tierra
Envolver el mundo en ritmos de experiencia
Aprisionar el éter que se escapa
Aprisionar el aire
Con esta carne presurosa
En olas envolventes sobre el ensueño
Y la fuga de las estrellas en el momento en que iban a
contar su historia

LA GRAN PALABRA

La gran palabra
Lázaro ¿la has olvidado?
El mar dobla su vida
Año de gloria las águilas dominan sin impaciencia
La enorme mano escribe
El mundo tiene aún su pequeña esperanza
Hospital que renace de sus cenizas cada día
La palabra olvidada te dejó olvidada
Ven a mi pecho a tomar armonía

Murmullo del vacío
Tu cabeza redobla y llena el cielo

Alfabeto perdido por los siglos
Sobre las montañas y los campos

La paz que viene como una carta
Especial para la esfinge

Los que bajan la escalera de la muerte
Y los que van en compañía de sus estatuas
Por los caminos sin historia
Oh cuántos laberintos venidos a menos
En los mundos de ayer a causa de sus monstruos

VOZ DE ESPERANZA

Tienes ojos de orgullo desesperado y de fuego cubierto
Tienes carne color tormento milenario como
los desiertos de cólera variada y en el fondo idéntica
Tu tristeza es sentir la injusticia vertiginosa
que enmohece la marcha
Y arrastra los pedazos
Tu dicha sería romper las ataduras que te llaman a las
tinieblas
Y crear con tus manos un planeta en forma de corazón

Oyes la tos de los esclavos y un horno ruge en tus
entrañas
Oyes las maldiciones abatidas
Oyes gemir y gimes
Oyes los gritos del hambre bajo sombreros como tabacos
deshojados
Bajo los harapos de nocturna factura
Oyes el llanto y lloras
Oyes la muerte que sale de la noche entrando en
los huesos
Oyes el cuerpo del mundo retorcido en lamentos
Oyes al angustiado hermano de los pechos sin aire
Oyes gemir y gimes
Con todo tu esqueleto de amarguras inmensas

Mojado de siglos y catástrofes mojado de esperanzas
Oyes la súplica de los mares empuñados
Oyes caer las lágrimas a lo largo de la noche
Y las ves atravesar el día
Oyes sufrir y sufres
Oyes llorar al hombre y lloras como el hombre

Pero una fiebre de mariposa gigantesca
Parte del alba retardada entre redes opacas
Nace una hoguera y nace una voz rodeada de fuego
Una voz que redime a un astro ciego y taciturno
Una voz que se ha lavado en largos sueños
Una voz de torrente sacudido
Una voz de pavorosas profundidades
Una voz que levanta los gestos
Blandiendo el mundo entre centellas iracundas
Martillando en la fragua del universo
Una voz cansada de llorar
Y que se alza de sus principios
A la dignidad negada por inmundas razones
Y exigida por todas las raíces de su ser invencible
Una voz cansada de gemir
El hombre es paciente
Pero no tanto como el tiempo contemplado
Desde la orilla de la noche
El hombre es sufrido
Sus músculos labrados a golpe de milenios
Pero la tierra es suave y le comprende y le ama
De tantos siglos hasta tantos
El hombre es afable

La tierra le ama y pide un modo de armonía
Y quiere una forma de fraterna dulzura
No quiere estar cubierta de tragedias
Ni rodar bajo crímenes entre fiebres sangrientas
La tierra le ama
(Que sea siempre así)
Quiere su luz de flor meditativa
Quiere su dicha como un canto necesario a la marcha
Que caigan entonces los que construyen la desgracia
Los que cierran el horizonte
Los que impiden el canto
Que se entierren al fondo de su noche
Que caigan sí que caigan
Y vamos descargando los muertos al borde del planeta
Arrojemos carroñas al vacío
Y que el cometa del mal agüero les envuelva en su sudario
Y les arrastre a la nada sin memoria

Se acercan los hombres en marcha desprendida
De montañas geológicas y llenos de ternura
Viene el hombre amado de la tierra
Con sus ojos de abrazo suficiente
Llega el hombre a pedir sus derechos
Yo me descubro a tu paso como ante un mar que viene
    de la noche
Y te entrego mis manos y te entrego mi pecho
Y dejo a tus plantas la actitud de mi cerebro

Tienes un cuerpo traspasado como alarido de
    perro nebuloso

Tienes tu voz de lágrima a sonrisa
Tienes tu cielo como un mar levantado por sus ansias
Tu tristeza es ver que no saben lo que vales bajo tu piel terrestre
Tu alegría amasar el futuro de tus hijos como hierbas entusiastas
De tu mujer como árbol de dulzura

Árboles árboles velad sobre el destino
Árboles cantando su existencia
Sed luminosos sobre el sueño del aprecio
¿Qué hora sería en el revés del mundo
Cuando tu corazón sintió su hora
Y que tu piel terrestre fue traspasada de alaridos?
Árboles árboles qué desnudez se acerca
Y qué mañanas de metal cantante se preparan
Las hojas contaban a la tierra sus proezas
Y la visión del venidero ilustre se alzó en algunos ojos exclusivos
Que desde entonces lloran de fiebre entusiasmada

Qué hora sería qué hora
Cuando el mundo te trajo la noticia del futuro coronado
Los pies se hicieron rápidos
El cuerpo se vistió de desnudez en estatuas de viento
Y los ojos devorándose entre ellos como dos locos furibundos
Rodaron entre soles y vidrios por todo el universo

Tus manos qué delirio de fuego qué ancha simpatía
Qué lento abrazo a los ruidos de la vida
Tu corazón en buzo bajando a sus raíces
Nadando en sus comienzos
De pie en su objeto comprendido
Tenías tanta hambre de ti mismo

Ruta de obscuras geologías de selvas submarinas
Y de sombras arrodilladas bajo el viento
Hasta el momento que una tiza en el sueño trazó el
destino
Levantó los gestos de sus profundidades
Y te dijo lo que eras y tendrías que ser
Sobre ese pedestal que recorres inconsciente

Qué hora sería qué hora cayendo de los árboles
Cuando los muertos dieron la orden de despertar
Y las tribus soñolientas mirando las estrellas
Se pusieron en marcha hacia la forma de sus lenguas
Hacia su esencia de memorias desveladas
Y su pasión de ser en penetrante vida
Idea redentora como un pan obscuro que se hace
luz de sangre y células
Qué hora sería entonces
El huracán rugía entre sus barbas sorprendido
Y el viaje era una estatua de su raíz al tronco y al
ramaje
Un trabajo invisible de siglos y cimientos anhelantes de
aire

No hay detención posible hasta el arco de flores y
horizontes
Que señala su triunfo

Es el hombre
El hombre de pie sobre sus sueños

HIJA

Tengo tu rostro entre las manos
Oh aire dulce retrato de aire
Anillo del mundo y del pasado
Tu rostro de silencio
Rostro de lámpara tierna
Con qué facilidad te formas en mis ojos
Cómo vuelves alegrando la negrura

Miseria del recuerdo
En el umbral del frío la selva se hace sueño
Se desprenden las hojas
Se mueren las miradas gota a gota

VOZ PREFERIDA

Aquellos cielos derramados entre palomas y montañas
Aquella tierra que llenaba el mundo
Con voces marinas y sus ansias
De razas desbordadas y capitanes furibundos
Esa enorme vertiente o corazón inagotable

Ahora al sacudir sus nuevos sueños
Vuelve a tomar su marcha desde el sitio
En donde la epopeya se quedó dormida de cansancio
Entre caballos rodando por la muerte
Entre la altiva historia con el mismo gesto de sol con que
saliera

LA VIDA ES SUEÑO

Los ojos andan de día en día
Las princesas pasan de rama en rama
Como la sangre de los enanos
Que cae igual que todas sobre las hojas
Cuando llega su hora de noche en noche

Las hojas muertas quieren hablar
Son gemelas de su voz dolorida
Son la sangre de las princesas
Y los ojos de rama en rama
Que caen igual que los astros viejos
Con las alas rotas como corbatas

La sangre cae de rama en rama
De ojo en ojo y de voz en voz
La sangre cae como las corbatas
No puede huir saltando como los enanos
Cuando las princesas pasan
Hacia sus astros doloridos
Como las alas de las hojas
Como los ojos de las olas
Como las hojas de los ojos
Como las olas de las alas

Las horas caen de minuto en minuto
Como la sangre
Que quiere hablar

AIRE DE ALBA

Mi alma está sobre el mar y silba un sueño
Decid a los pastores que el viento prepara su caballo
Y saluda al partir en el orgullo de su infancia
Yo amo una mujer de orgullo y sueño
Desembarcando de su fondo silenciosa
Sabed pastores que debéis cuidarme
Y cuidar sus sueños y cuidar sus cantos
Y la fiesta de las olas
Como alegría de su orgullo y su belleza

Ah cielo azul para la reina al viento
Ah rebaño de cabras y cabellos blancos
Labios de elogios y cabellos rubios
Animales perdidos en sus ojos
Hablad a la osamenta que se peina
En el país del fondo hasta el fin de los siglos
Túnica y cetro
Amplificación de los recuerdos
Ruido de insectos y caminos
Hablad de la comarca como corre el océano
Ah el viento
El viento se detiene para la reina que sale de su cielo

LA POESÍA ES UN ATENTADO CELESTE

Yo estoy ausente pero en el fondo de esta ausencia
Hay la espera de mí mismo
Y esta espera es otro modo de presencia
La espera de mi retorno
Yo estoy en otros objetos
Ando en viaje dando un poco de mi vida
A ciertos árboles y a ciertas piedras
Que me han esperado muchos años

Se cansaron de esperarme y se sentaron

Yo no estoy y estoy
Estoy ausente y estoy presente en estado de espera
Ellos querrían mi lenguaje para expresarse
Y yo querría el de ellos para expresarlos
He aquí el equívoco el atroz equívoco

Angustioso lamentable
Me voy adentrando en estas plantas
Voy dejando mis ropas
Se me van cayendo las carnes
Y mi esqueleto se va revistiendo de cortezas

Me estoy haciendo árbol Cuántas veces me he ido
convirtiendo en otras cosas…
Es doloroso y lleno de ternura

Podría dar un grito pero se espantaría la
transubstanciación
Hay que guardar silencio Esperar en silencio

LA NOCHE MOMENTÁNEA

Sur le pont d'Avignon
On ne danse plus en rond
Ya no se baila sobre el puente de Avignon Francia
Ni se baila ni se canta en ninguna de tus plazas
Todo es tristeza ahora
Una altiva tristeza que rumia en los adentros
Y prepara el día de los volcanes vengadores

Árbol del sacrificio
Esperando la voz de tus clarines
Para saltar al medio de la hoguera
Y levantar tu nombre

A ese cénit de espejos triunfadores
A ese alto sitio tuyo Francia ese alto sitio
Otorgado por los siglos

Bajel del mundo prepara tu velamen
Este viento contrario que te azota y detiene tu marcha
Ha de cambiarse en viento favorable
Ha de empujarte otra vez en tus rutas ilustres
Entonces los que no hemos aceptado tu derrota
Cantaremos el canto inmenso que levanta los astros
Ya que los que te entregaron maniatada

Tendrán solo el suicidio o el fondo de los mares
Que aún es demasiado honor para tanta miseria

Árbol del sacrificio
Henos aquí los que te amamos a tu sombra
Gota a gota la muerte la perfidia
El dolor cae sobre nuestras cabezas
Henos aquí velando tu horrible pesadilla
Atardece sobre la tierra
Tus águilas atadas sollozan recordando otros días
Recontando epopeyas que rebasan tus campos
Enumerando glorias que no caben en tus límites
Ni sobre los dedos de cuarenta millones de hijos
Sangre de hombres
Esperanza de hombres que construyen destinos
Oh plena de anhelos milenarios
Oh profunda raíz de las edades y vísceras del tiempo

Árbol del sacrificio
Yo canto todo aquello que ha tenido grandeza
Los barcos de aventura entre el misterio
Buscando olas bravías
Los audaces de ojos afiebrados
En la maraña de las selvas o de ideas osadas
Agrandando la vida el pensamiento
Creando tierras y muriendo de sed

El despertar de razas como enormes incendios
El pasado que se proyecta a un gran futuro
Mas no la traición y sus hojas podridas

Silbemos aquí contra las rocas descompuestas
Frente a las ansias torpes y el heroísmo hueco

Árbol del sacrificio
Aquí bajo tu sombra mi corazón me cuenta
Las historias perdidas en los años del mundo
Me habla de las leyes obscuras
Me enseña la lección de la esperanza
He visto Francia
He visto y estoy viendo el rostro de los siglos
Los buscadores incansables
Los árboles que admiran las insignes empresas
El pájaro que endulza al prisionero detrás de los
barrotes
Los castillos con un alma que hila en una rueca
Los grandes alaridos que derrumban murallas
Las montañas emocionadas por la bravura y el
esfuerzo
El caballo llorando al caballero muerto

Yo te he visto Francia
Semejante al primer arcoíris del mundo
Yo te he visto semejante a un astro derramando
ensueños
Yo te he visto orgullosa y parecida al huracán
Yo te he visto amada mía
Dulce como una fruta preparada por los tiempos
Para el sabor universal
Te he visto cuando abrías el alba
Y te abrías al designio

Francia
Se asusta el hombre cuando tú enmudeces
En este juego de la Historia
En este juego subterráneo y tremendo
En donde los impulsos se forman y deforman
En donde las fuerzas se deshacen
Y buscan un equilibrio nuevo
En este juego de la Historia fatal y triunfadora
Donde el barco no puede elegir sus olas
Hoy te ha tocado la noche
(Que sea breve es mi deseo)
Pronto que vuelva pronto le temps de cerises
Oh bergére bergére rentre tes noirs moutons

Francia en esos campos trágicos
Donde los hombres caen como la noche
Te dieron un brebaje de hierbas venenosas
Ahora estás soñando que una hiena devora tus entrañas
Un hada maligna te ha dormido
En un lecho de sangre
Pero no pudo cambiarte en monstruo repugnante
El hechizo no será perdurable
Ya viene el caballero a despertarte
Escucha el paso de los tuyos
Que se acercan corriendo entre fantasmas
Por los bosques donde otros se perdieron

Árbol del sacrificio
Gritemos a los vientos que hay que enjugar las lágrimas
Y preparar las armas de la aurora

Francia mi dulce Francia
Con su vieja cordura y sus altos delirios
Aún hay muchos que creemos en ti
Oh necesaria a la tierra como la primavera
Tú eres la puerta de los sueños
Eres la madre humana comprensiva y sonriente
La primera mirada a la primera estrella
La última mirada a la postrera
El primer aplauso el último saludo
Flor de profecías y relámpagos
Eres la puerta por donde entra el corazón al mundo

Henos aquí a tu sombra
Contemplando tu noche momentánea
Oh tristeza oh pájaro sin canto
¿Cuánto tiempo ha de durar nuestra desgracia?
(Que sea breve es mi deseo)

Árbol del sacrificio
Aquí bajo tu sombra
He de verte volver del fondo de la noche
Trayendo tus recuerdos encendidos de nuevo
Tus grandes ojos abiertos a los cielos
Trayendo tu estrella como un libro de luz entre las manos
Al seguir tu camino dejando atrás las sombras
Oirás una voz nueva que cae del espacio
Y te llena de impulsos porque tiene algo tuyo

Francia
Despertemos de esta larga pesadilla

Hay que romper la telaraña que te envuelve
Encender otra vez la antorcha del destino
Entre tanto agonizante y tanta niebla

Francia bailemos la Carmagnole

EL HIJO CANTA A LA MADRE DOLOROSA

Ese inmenso sollozo de tu pecho FRANCIA es para los
hombres
Esa herida que sangra a cielo perdido es para la vida
Ellos no comprendieron la lección de tu alma
Acaso era demasiado grande tu palabra
Y nadie pudo descifrarla
Este inmenso dolor que te curva es para el mundo
Mas he aquí lo que debe consolarte
Cuando tú sufres la tierra siente tu sufrimiento
Cuando tú lloras tus lágrimas ruedan por el rostro de la
Historia
Por el rostro de todo ser que se ilumina por dentro
Y que tiene conocimiento de su propia especie
Esta es tu grandeza y tus raíces en la raíz humana

Solo tú puedes soportar el peso del desastre
Tal es tu fuerza tal es el fuego de tu huella entre los
hombres
Oh FRANCIA no digas nunca cuánto has sufrido
Ninguna entraña podría soportarlo

Oh bien amada Oh grito de sangre
Te siento palpitar en mi garganta
Paloma herida en sus montañas

Oh princesa sorprendida en la emboscada
Habla de nuevo de nuevo deja oír tu voz
La tierra se pierde entre los astros cuando te impiden
guiar su marcha
Oh flor perfecta en medio de tantas cosas horribles
Siempre la primera en nuestra esperanza
FRANCIA a través de todas nuestras lágrimas
Relámpago y trueno en el fondo de todo pecho
Yo te digo al oído las palabras de mi alma
Porque ella te debe su mitad más profunda
Te bendigo en tu cólera te canto en tu angustia
Alba cubierta de un sudario donde yace el nacimiento de
un águila
La substancia de los leones futuros

Madre de las grandes épocas y de las edades supremas
Sembradora de ideas sobre las más altas cumbres
Que tu pesar no vele tus ojos donde cada uno descubre
su belleza
Tu día se aproxima y tú debes preparar tu estrella
Nosotros tenemos siempre confianza en ti
El corazón del mundo ruge de libertad
Está siempre en tu pecho

Oh FRANCIA tú eres aún nuestro mejor impulso
Eres siempre la tierra bajo nuestros pies
Eres siempre el cielo sobre nuestra cabeza
Eres siempre el trigo de nuestro pan
Siempre la leche de las ovejas vagando en nuestros
sueños

Todo hombre que tiene el orgullo y el respeto de su alma
Sabe que tú eres la misma aun engrandecida por el dolor

Despiértate princesa de esta larga pesadilla
El ogro que vertió el veneno tiene sus horas contadas
Y conoce ya el sitio de su tumba
Levántate aún eres nuestra luz
Te esperamos al borde de la selva encantada
Para seguir contigo nuevos caminos

Tú eres siempre la más fraternal amiga
La estación de las hojas el arcoíris cantante
Eres siempre el signo del Destino

UNA TARDE DESPUÉS DEL RIN

Qué pequeño es el mundo
Cuán grande eres corazón
Mirado desde aquí
En medio del torbellino de esta guerra
Qué pequeños se ven los hombres
Qué tristes el cielo y el mar y las montañas
Y cuán desierta el alma humana
Amargura y dolor
Desamparados seres que caminan
Porque hay que caminar
Sin rumbo sin destino
Equivocando el signo o perdiendo su estrella
Inmensa marcha tras quimeras vacías
Agitación inútil Hay que llorar
Mas los árboles ríen de nosotros
Niños pequeños con ojos que se agrandan
Al mirarnos pasar
¿Cómo no lloran? ¿O no saben llorar?
¿De qué se trata? ¿Comprendéis algo?
¡Qué angustia! ¡Qué inmensa soledad!
¿En dónde estáis recuerdos de mi vida?
¿Tengo acaso recuerdos?
Las lágrimas tragadas
Cuánto más duras son que aquellas otras

Que aman los arroyos
¿Quién ha sembrado tanto mal?
¿Quién despertó las selvas de serpientes?
Oh estrella mía
¿Qué pretendes de mí?
¿Hacia dónde me llevas?
¿Por qué me traes a la sangre?
¿No ves que todo se hizo herida en mi garganta?

Oh ceguera del mundo
Destruye de una vez la grandeza que odias
Y que no se hable más y no se cante y no se ría
... Un siglo de silencio para enterrar los muertos

DÍAS Y NOCHES TE HE BUSCADO

Días y noches te he buscado
Sin encontrar el sitio en donde cantas
Te he buscado por el tiempo arriba y por el río abajo
Te has perdido entre las lágrimas

Noches y noches te he buscado
Sin encontrar el sitio en donde lloras
Porque yo sé que estás llorando
Me basta con mirarme en un espejo
Para saber que estás llorando y me has llorado

Solo tú salvas el llanto
Y de mendigo oscuro lo haces rey coronado por tu mano

QUIERO DESAPARECER Y NO MORIR

Quiero desaparecer y no morir
Quiero no ser y perdurar
Y saber que perduro
Llamo a las puertas de la muerte
Y me retiro
Llamo a la vida y huyo avergonzado
Quiero ser toda mi alma y no lo puedo
Quiero todo mi cuerpo y no lo logro

LA NOCHE VIENE A ESPERARSE EN MÍ

La noche viene a esperarse en mí
Los astros inauguran sus abismos
Para vivir fuera de la verde presencia
Para tener su encuentro en ojos olvidados
Aunque seguros de sus lluvias
Como un espacio que va a hacerse nieve

La noche me ha elegido para sí misma
Me dice al oído cosas de su agua
Y que somos capaces de cualquier crimen
Como de la mayor bondad y grandes sacrificios

MONUMENTO AL MAR

Paz sobre la constelación cantante de las aguas
Entrechocadas como los hombros de la multitud
Paz en el mar a las olas de buena voluntad
Paz sobre la lápida de los naufragios
Paz sobre los tambores del orgullo y las pupilas
    tenebrosas
Y si yo soy el traductor de las olas
Paz también sobre mí

He aquí el molde lleno de trizaduras del destino
El molde de la venganza
Con sus frases iracundas despegándose de los labios
He aquí el molde lleno de gracia
Cuando eres dulce y estás allí hipnotizado por las estrellas

He aquí la muerte inagotable desde el principio del
    mundo
Porque un día nadie se paseará por el tiempo
Nadie a lo largo del tiempo empedrado de planetas
    difuntos

Este es el mar
El mar con sus olas propias
Con sus propios sentidos

El mar tratando de romper sus cadenas
Queriendo imitar la eternidad
Queriendo ser pulmón o neblina de pájaros en pena
O el jardín de los astros que pesan en el cielo
Sobre las tinieblas que arrastramos
O que acaso nos arrastran
Cuando vuelan de repente todas las palomas de la luna
Y se hace más oscuro que las encrucijadas de la muerte

El mar entra en la carroza de la noche
Y se aleja hacia el misterio de sus parajes profundos
Se oye apenas el ruido de las ruedas
Y el ala de los astros que penan en el cielo
Este es el mar
Saludando allá lejos la eternidad
Saludando a los astros olvidados
Y a las estrellas conocidas

Este es el mar que se despierta como el llanto de un niño
El mar abriendo los ojos
Y buscando el sol con sus pequeñas manos temblorosas
El mar empujando las olas
Sus olas que barajan los destinos

Levántate y saluda el amor de los hombres

Escucha nuestras risas y también nuestro llanto
Escucha los pasos de millones de esclavos
Escucha la protesta interminable
De esa angustia que se llama hombre

Escucha el dolor milenario de los pechos de carne
Y la esperanza que renace de sus propias cenizas cada día

También nosotros te escuchamos
Rumiando tantos astros atrapados en tus redes
Rumiando eternamente los siglos naufragados
También nosotros te escuchamos

Cuando te revuelcas en tu lecho de dolor
Cuando tus gladiadores se baten entre sí

Cuando tu cólera hace estallar los meridianos
O bien cuando te agitas como un gran mercado en
fiesta
O bien cuando maldices a los hombres
O te haces el dormido
Tembloroso en tu gran telaraña esperando la presa

Lloras sin saber por qué lloras
Y nosotros lloramos creyendo saber por qué lloramos
Sufres sufres como sufren los hombres
Que oiga rechinar tus dientes en la noche
Y te revuelques en tu lecho
Que el insomnio no te deje calmar tus sufrimientos
Que los niños apedreen tus ventanas
Que te arranquen el pelo
Tose tose revienta en sangre tus pulmones
Que tus resortes enmohezcan
Y te veas pisoteado como césped de tumba

Pero soy vagabundo y tengo miedo que me oigas
Tengo miedo de tus venganzas
Olvida mis maldiciones y cantemos juntos esta noche
Hazte hombre te digo como yo a veces me hago mar
Olvida los presagios funestos
Olvida la explosión de mis praderas
Yo te tiendo las manos como flores
Hagamos las paces te digo
Tú eres el más poderoso
Que yo estreche tus manos en las mías
Y sea la paz entre nosotros

Junto a mi corazón te siento
Cuando oigo el gemir de tus violines
Cuando estás ahí tendido como el llanto de un niño
Cuando estás pensativo frente al cielo
Cuando estás dolorido en tus almohadas
Cuando te siento llorar detrás de mi ventana
Cuando lloramos sin razón como tú lloras

He aquí el mar
El mar donde viene a estrellarse el olor de las ciudades
Con su regazo lleno de barcas y peces y otras cosas alegres
Esas barcas que pescan a la orilla del cielo
Esos peces que escuchan cada rayo de luz
Esas algas con sueños seculares
Y esa ola que canta mejor que las otras

He aquí el mar
El mar que se estira y se aferra a sus orillas

El mar que envuelve las estrellas en sus olas
El mar con su piel martirizada
Y los sobresaltos de sus venas
Con sus días de paz y sus noches de histeria

Y al otro lado qué hay al otro lado
Qué escondes mar al otro lado
El comienzo de la vida largo como una serpiente
O el comienzo de la muerte más honda que tú mismo
Y más alta que todos los montes
Qué hay al otro lado
La milenaria voluntad de hacer una forma y un ritmo
O el torbellino eterno de pétalos tronchados

He ahí el mar
El mar abierto de par en par
He ahí el mar quebrado de repente
Para que el ojo vea el comienzo del mundo
He ahí el mar
De una ola a la otra hay el tiempo de la vida
De sus olas a mis ojos hay la distancia de la muerte

PIENSO EN ELLOS EN LOS MUERTOS

Pienso en ellos en los muertos
En los que yo vi caer
En los que están grabados en mi alma
En los que aún están cayendo en mis miradas
Vosotros que seguiréis muriendo
Hasta el día en que yo muera

TIERRA QUE TE ALIMENTAS DE MI TRISTEZA

Tierra que te alimentas de mi tristeza
Que gozas de beber mi sangre
Y cada herida de mi pecho te enriquece
Eres hermosa como una gran borrasca
Cómo te gusta mi soledad
Eres terrible como un alma grandiosa
Que se defiende sola contra todas las ansias
Te esperaré escondido
En un encrucijada donde menos lo pienses
Y lucharemos cuerpo a cuerpo
Tierra que te alimentas de mi tristeza
Nací con siglos de amargura
Pero vamos a ver quién ríe ahora

TE AMO MUJER DE MI GRAN VIAJE

Te amo mujer de mi gran viaje
Como el mar ama al agua
Que lo hace existir
Y le da derecho a llamarse mar
Y a reflejar el cielo y la luna y las estrellas

VAGABA POR LAS CALLES

Vagaba por las calles de una ciudad helada
Con tanta noche encima
Triste como el espacio que queda
Entre un farol y la casa desierta

ILUSIONES PERDIDAS

Hoja del árbol caída en infancia
Hoja caída de rodillas
En el centro de su olvido
Dulce juguete de esperanzas y relámpagos
Sangrando la cabeza malherida
Como las ilusiones ópticas
En su palacio de muerte inolvidable
Constante barco de corazón doliente
Entre naufragio y sombra apresurada

Hoja del nudo caído en árbol caído en infancia
Adónde te arrastran hoja de dulce corazón
Y los excesos del fuego de las águilas visuales
Hojas de las ramas calefaccionables
Detenidas en el aire
Prontas a podredumbre entre sus propios brazos
Como las aguas embrujadas

UNA NOCHE DE CAMPOS PROFUNDOS

Una noche de campos profundos
Una noche de frases como miradas de muerto
Como cielo y cabellera sobre nidos viejos
Una noche de tierra y música perdida
Sientes una flor interna que se aleja
Avergonzado de la vida y sus esperas

EXTERIOR

Árboles cerrados a toda aventura
Árboles cerrados a la lámpara triste
Los faros de piel viva sobre las rosas del adiós
La imagen guardada para un viaje
Alma mía esta es la leyenda de los años
Que detesta la casa estable y el astro de hierros fríos

Otros buscan un rey leproso que adorar
Una gloria de cúpulas el mármol de una noche larga
Vagar sobre truenos de aire sucio
Ninguno declina sus resortes
Y saluda al mundo y sus montañas

He creado carne y llanto
He creado luz y abismo
Me he sentado a cantar
Sobre la cumbre mojada de ternuras y violencias
En donde empieza el aire de la eternidad

Ningún aliento hace subir el día
Ninguna mano hace saltar la noche
Los astros de los grandes adivinos
Apenas pueden secar el canto de las aguas
Por el camino de los signos altivos

Se va la voluntad hacia la muerte
Se van los dioses a la cifra exacta
Por el camino de los monstruos
Se van los ruidos de la muerte
Por el camino de las hojas
Se van los ojos de la muerte
Por el camino de la tarde
Se va la muerte de la impaciencia
Y un ruido de esqueleto gira al fondo del río

AHORA QUE MIS OJOS VUELAN

Ahora que mis ojos vuelan entre planetas ajenos
Como una botella en alta mar
O en un cielo de todos colores
Sin una sola casa donde entrar en la tarde
Ahora que mis manos escaparon del fuego
En una barca tan rápida como el ocaso
Y casi más que la muerte huyendo del caballo
que quiere morderle
Ahora hace frío por el odio que nos tienen las montañas
Hace frío porque se han dicho palabras tristes
Se ha dicho barca ocaso y ojos
Que son una misma cosa

Yo amo el viento que viene de los astros
Envolviendo los rayos cósmicos tan buscados por los
hombres
Mientras ellos solo se interesan por ciertas hierbas
De sabor delicado y olor penetrante
Tan penetrante como ellos mismos
Yo amo los ojos de grandes alas
Y amo el ocaso tan rápido como una barca
Y las manos y la montaña que se deja acariciar
Y una roca llena de amor que desafía al mar
Y un mar que desafía todas las estrellas

Amo el árbol viejo que tiene muchos niños
Un paisaje inmortal mirando nacer sus flores
Un río de cabellos blancos que aún salta entre las piedras
Unos ojos y unas manos salvadas del incendio
Un corazón que late
Como un sapo casi aplastado por una carreta
Y una selva de todos colores
Sin ningún sentido del bien y del mal
Una selva encima de la selva
Para la ternura de los pájaros perdidos
Allá tan lejos de su país natal

EDAD NEGRA

La muerte atravesada de truenos vivos
Atravesada de fríos humanos
La muerte de sobra llamando tierra por la tierra
Y de subida en los rostros amargos
La marea apresurada
Sobre los ojos y las piedras…
Cómo decir al mundo si es necesario tanto hielo
Si exige el tiempo tal suplicio
Para futuras voces nuevas

¿En dónde estás flor de las tumbas
Si todo es tumba en el reino infinito?
Solo se oye la lengua del sepulcro
Llamando a grandes gritos
Las campanas secretas
En su misterio de memorias a la deriva
Semejantes al temblor eterno
Que se separa de los astros

No hay sacrificio demasiado grande
Para la noche que se aleja
Para encontrar una belleza escondida en el fuego

Perderlo todo
Perder los ojos y los brazos
Perder la voz el corazón y sus monstruos delicados
Perder la vida y sus luces internas
Perder hasta la muerte
Perderse entero sin un lamento
Ser sangre y soledad
Ser maldición y bendición de horrores
Tristeza de planeta sin olor de agua
Pasar de ángel a fantasma geológico
Y sonreír al sueño que se acerca
Y tanto exige para ser monumento al calor de las manos

Penan los astros como sombras de lobos muertos
En dónde está esa región tan prometida y tan buscada
Penan las selvas como venganzas no cumplidas
Con sus vientos amontonados por el suelo
Y el crujir de sus muebles
Mientras el tiempo forja sus quimeras
Debo llorar al hombre y al amigo
La tempestad lo arroja a otras comarcas
Más lejos de lo que él pensaba

Así dirá la historia
Se debatía entre el furor y la esperanza
Corrían a encender montañas
Y se quemaban en la hoguera
Empujaban ciudades y llanuras
Flanqueaban ríos y mares con la cabeza ensangrentada
Avanzaban en medio de la sombra espía

Caían desplomados como pájaros ilusos
Sus mujeres ardían y clamaban con relámpagos
Los caballos chocaban miembros en el fuego
Carros de hierro aviones triturados
Tendidos en el mismo sueño…
Guárdate niño de seguir tal ruta

MADRE

Oh sangre mía
Qué has hecho
Cómo es posible que te fueras
Sin importarte las distancias
Sin pensar en el tiempo
Oh sangre mía
Es inútil tu ausencia
Puesto que estás en mis adentros
Puesto que eres la esencia de mi vida
Oh sangre mía
Una lágrima viene rodando
Me estás llorando
Porque yo soy el muerto que quedó en el camino

Oh dulce profundidad de mis arterias
Oh sangre mía
Tan inútil tu ausencia
Flor-paloma dónde estás ahora
Con la energía de tus alas
Y la ternura de tu alma

LOS LABIOS PRETENDEN ALEJARSE DE LA BOCA

Los labios pretenden alejarse de la boca
Correr por otros lados
Con presunciones de infinito
Los latidos pretenden abandonar al pecho
Y ser latidos de nubes sobre otras regiones

Después de los ojos alegres
Vienen los ojos tristes
Después de las alas cercanas
Vienen las alas olientes a distancias
Vienen y se llevan la memoria
La memoria que quiere alejarse del cuerpo
Los números de los meses
Que no tienen corazón para subir un poco
Los números de los años
Que no tienen color por el llanto que los borra
Los nombres de las flores
Que se quedan atrás de su perfume
Que recuerdan tus manos y las buscan
Entre cielo y tierra

ÉRAMOS LOS ELEGIDOS DEL SOL

Éramos los elegidos del sol
Y no nos dimos cuenta
Fuimos los elegidos de la más alta estrella
Y no supimos responder a su regalo
Angustia de impotencia
El agua nos amaba
La tierra nos amaba
Las selvas eran nuestras
El éxtasis era nuestro espacio propio
Tu mirada era el universo frente a frente
Tu belleza era el sonido del amanecer
La primavera amada por los árboles
Ahora somos una tristeza contagiosa
Una muerte antes de tiempo
El alma que no sabe en qué sitio se encuentra
El invierno en los huesos sin un relámpago
Y todo esto porque tú no supiste lo que es la eternidad
Ni comprendiste el alma de mi alma en su barco
    de tinieblas
En su trono de águila herida de infinito

ABRAMOS NUESTRO PECHO

Abramos nuestro pecho
Para que el cielo se reconozca
Ayudemos a la tierra a sostenerse
A ser grandeza en su manto de recuerdos
Y no simple navío en marcha
Que ella sea el pensamiento que la eleva
Que sea al sentirse a sí misma
El sufrimiento que arraiga hasta debajo de las tumbas

Brotan los ríos para hallarse solos
Nacen los árboles y las casas de los hombres
Se forman razas buscando una flor maravillosa
El mar se mueve para que no lo olviden
Todo anhela una dulce comprensión admirativa
¿Dónde está el hombre y el fundamento oscuro?
En dónde está la desventura la voluntad y el ansia?
Y él aparece en su razón de ser
¿Qué buscas hombre de mirada variable?
Algo que se ha perdido entre los siglos
Algo que era nuestro y demasiado grande
Tan esencia de todo que no supimos ver
Y se nos fue en tinieblas vida abajo

SEA COMO SEA

Siempre serán las flores en su risa
Como anuncio de amor y mariposa a nado
Como irradiación de recuerdos
La luna destrozada que se aleja
Los sitios de silencio convertido en obra
Esperanza instantánea
En las miradas con sus cerros
Y sus animales pastando
¿De dónde viene tanta semilla tanto instinto
Tanto deseo de abrazo y de prodigio?

Los pájaros sueñan por nosotros
La flor ansiada duerme en los sótanos del mar
Solo tenemos esta cascada que apaga a los fantasmas.
Estas piedras escondiéndose bajo el ala
Entre los girasoles que se insultan como colegiales
Solo tenemos el corazón de paso a paso
Los sonidos para causar el aire que se creía libre
Las estatuas para los relámpagos
Cuando viene la tarde amasando sus panes
El imán de las rosas atrae los navíos
El río inunda a las ovejas atraviesa los ojos
Y se quiebra al fondo de la soledad

Cuando viene el silencio hipnotizando selvas
Las rocas se lanzan de cabeza al fondo de las aguas
Lo que hace llorar a las novias más lejanas
El viento peina a los rebaños
Arroja su capa y huye para siempre
Los perfumes de las flores mueren y sus colores nacen
Lo que hace ladrar a los perros al pie de la colina

Y nada más
Una avenida
De parientes de cadenas
De ahorcados de luces fugitivas
De barcos en peligro entre dos astros

EL AÑO SURCABA LOS AIRES

El año surcaba los aires en sus meses
Como el himno devorando las olas extasiadas
Flor traslúcida en sus barcos de vida o muerte
Nada vas a decirnos que no sepamos como tú
Las líneas de las manos son inútiles
Y asimismo las líneas de batalla
Digamos a los ojos que tanto han devorado
Que aún hay algo nuevo o que podría serlo

LEJANÍA DE MURMULLOS

Lejanía de murmullos
De viejos ríos amados
Que pueden cambiar de cauce
Cielo de ansias y de astros
Y de estrellas maniatadas

CAMBIO AL HORIZONTE

Un hombre de amanecer y laurel acogido
Con grandes distancias en la voz
Y sueños migratorios en cada parte de su carne
Un hombre del despertar en cuyo pecho
Murieron los sutiles sonidos del antaño cerrado
Y se rehace el mundo en escalas sin lágrimas
Y se alumbra en sus manos a medida que va naciendo
Un hombre de estrellas libertadas
Va cantando como un navío
Los pájaros cruzan el cielo desde hace tantos siglos
Y el mundo suena bajo las olas hermanas

Un hombre de ayer viene hacia hoy
Trae la oscuridad a cuestas como una melodía
Y busca el cetro del resplandor en la punta de sus ojos
Con su ansiosa mirada que humedece el espacio
De este planeta triste y sin excusa

Un hombre de ayer trae una sustancia de miedos
De seculares odios brotando por sus cabellos
De recuerdos enanos rodando por sus miradas
Un hombre de ayer viene hacia hoy
Y es preciso enseñarle los caminos nacientes

Como una canción que se agranda
Y se llena de cosas imprevistas

Hombre de amanecer que se mira las manos
Y encuentra las raíces de futuros paisajes
Enseña tus mármoles contra la tempestad
Construye tus grandes torres contra la bruma silenciosa
Danos tus luces furibundas
Y golpea la larva de los astros venideros
Con la voz de la vida que te enciende las alas

Un hombre de amanecer y de lámpara abrupta
Sobre su caballo henchido de relinchos
Como una paloma apasionada
Va alumbrando la vida de pensamientos atados a su
entusiasmo
Y va subiendo subiendo del día hacia la noche
Y se queda un instante parado en su nombre
Cuando las campanas alimentan el aire de la tarde

El hombre de ayer se va sintiendo un poco muerte
Y un poco corazón sin objeto
No sabe cuál es la hora ni qué tiempo se adorna en su
sitio preciso
Contempla el año triste que va pasando bajo el cielo
Los árboles hacen un ruido de hombres dolorosos
Tiembla en su alma de torbellinos lentos y recorre la
noche
Como un suspiro llevado de la mano
Es preciso enseñarle nuestro mundo

La canción que se agranda y se llena de horizontes
Es preciso que aprenda a abrir caminos
Que ascienda como esas plantas que parecen tener alas
Que sepa que se trata de atraer las lejanías
Y que deben tenerlas en sus adentros
Que nos reímos de la noche que se estrella en las torres
Cuando los árboles se cansan de querer escalar el cielo
Es preciso que aprenda la amistad de la luz
Y el buen sentido de las manos unidas como flores poderosas

(De lo contrario deberemos cortarle la cabeza debajo de la barba y todos sus hilos en relación con las estrellas)

DE CUANDO EN CUANDO

Viene en suspirada tarde
Con un número de latidos para mirar su lago
Oye caer su peso vida abajo
Encuentra estrellas en cualquier tumba
En cualquier llave olvidada por la selva

Viene con ojos de repertorio
En olas escogidas por su finura
Se detiene en su nombre
Se mira las manos más allá del planeta
En la noche de la distancia
Solloza de puro mar
Habla haciendo praderas
En su dulce planeta arrojado a los perros

Viene callada en cementerio de ebriedades
Y sabe que está lloviendo sobre su nombre
Como el crecer de un cielo impenetrable

Viene recoge sus miradas
Y se va contra el viento del medio

BELLAS PROMESAS

Palabra que desata su paloma
El llanto huele sus playas y las noches movedizas
Encuentra allí un recuerdo como el espejo de las islas
Unos pies olvidados por el viento derecho
Yo he de seguir por las miradas del ciego
Mar adentro grito afuera
Tomando la forma del furor
Y la gracia de los espectros en su tiempo

Un castillo en el aire ronca toda la noche
Tú sientes las hojas de los muertos
Y lo que eres en los sueños cuando la edad se abre
Cuando la sombra apaga la sed de los caballos
Los árboles marcan el paso
La visita del peligro inunda los sentidos
Y el bosque aguarda respirando apenas

Has olvidado el corazón en sus vientos de estrella
Sus noches voladoras entre pájaros desbordados
La espuma de la sangre en su silencio de oro
La luna que predica en el desierto

Un castillo en el aire escupe sobre los hombres
La eternidad se abre en el pavor de su presencia

Este es el eco sin orillas
Los espacios cruzados por los siglos
El insomnio de los ríos ilustres
Los muebles que crujen al viajar en sueños
El ruido de la calle que se peina en el espejo

Castillos en el aire y en el tiempo devorando luces
Manos ansiosas y escalas fugitivas
Los pechos rompen en arroyos
Para que crezcan los rebaños en su lamento
Este tiene una atmósfera de piedra
Aquel un horizonte propio con ruedas suaves para la
noche

Voz de olvido y silencio dejado de la mano
Para las lágrimas detenidas
Para las llaves del abismo a nuestra espalda
Los años pasan como selvas
Las mariposas vuelan de los ojos del muerto

LA MANO DEL INSTANTE

Igual destello de hierbas provisorias
De árboles escritos a diez ojos a la redonda
Igual ahora de viento y crujido de párpados
Igual entonces de lluvias preferidas a los ríos
A causa del sentimiento que cae
A diez ojos a la redonda

En esta hora se queman las esperas
Se cortan los pedazos de miradas
Vienen las orillas a hablarnos en secreto
Y se cierran las olas con gran ruido
Todo está preparado de largo tiempo
El alma desciende a sus venenos
Los paseantes buscan su golondrina hipnotizada
Descargan sus países
Y se alejan por el ruido de sus pasos
En esta hora de destellos iguales
A diez ojos a la redonda
Se muere el cielo de su leche ordeñada
El mar no quiere decir ni una palabra más
Yo quiero decir montaña y digo árbol

Igual destello de ojos en lontananza
Igual ternura de caballos en el aire

Igual entonces de rosas meritorias
Igual por qué de palomas en su violín
Igual eternidad de escalas en sueños ascendentes

ESTRELLA HIJA DE ESTRELLA

Había signos en el aire
Había presagios en el cielo
Tenía que brotar la gracia de repente
Con sus pasos de gloria
Con todos sus gérmenes sagrados
Con su aliento de vida o muerte

Venía la belleza de quién sabe dónde
Venía hacía mis ojos
Con su andar de planeta seguro de su tiempo…
Es la ley misteriosa que de pronto se encarna
Y se hace realidad en un instante

El azar se presenta
Con todas sus fuerzas invencibles
El azar con sus constelaciones desatadas
Que súbito se anudan
Para cumplir con un destino en las piedras lentas
El aire vibra de los sonidos de la vieja flauta
Una dulce amistad ha nacido en el mundo
Acaso un gran peligro se yergue de su noche

La voz de un hombre dice Estrella
Y tiembla como una estrella

El viento pasa y el azul amado
Deja caer su aroma
Para ungir las cabezas señaladas

Ahí viene sobre dos pies alados
Envuelta de música de nardos y de bosques
La gracia y la belleza
Entre los ruidos de las calles
Sobre sus pies alados
Aparece de pronto entre los hombres y las casas
Y todo cae en el vacío

Los ruidos, las casas y las calles
Como las ropas de una mujer que se desnuda
Solo tú quedas en el mundo
Solo tu cuerpo como una flor inmensa
Que llena de universo

¡Oh tierra cómo te has hecho bella en un instante!

Dos miradas se cruzan
Y canta un árbol nuevo
Dos manos se entrelazan
Dos anhelos se encuentran
Dos angustias se hablan en secreto
¿Por qué, razón?
Solo los signos y el azar lo saben

Dos corazones reconocen un impulso ciego
Y el camino que se abre al infinito

Un hombre dice estrella
Y hay un temblor en los espacios
Un hombre dice Mar
Y las olas se agrandan satisfechas
Un hombre dice Selva
Y los árboles comprenden su deber milenario
Un hombre dice Viento
Y todo se agita hasta la muerte

Estrella yo no te pido tu destino
Ni exijo más aroma a la flor de la tarde
Yo quiero solo una amistad de anchas orillas
Un gran río profundo
Que embruje mi país
Y haga cantar las aguas dormiladas
Que siempre creen olvidar su vida

La calle del azar
El punto mismo
Donde se encuentran los designios

Los ojos se adivinan
Se entornan suaves
Saben que juntos van a mirar las cosas
Los labios se presienten
Palpitan como flores que empiezan la jornada
¿Son besos? ¿Son palabras?
¿Es un cambio de ideas a través de los años?
Por qué llegas tan tarde a mi jardín
Por qué no apresuraste la marcha en las tinieblas?

¿Con qué derecho el tiempo
Separa la flor del árbol que era suyo?
¿Por qué pone distancias en los años?
¿No sabes que este trozo de tierra te aguardaba
Cansado de cantar y de llamarte?

Yo te había elegido
Como la tierra el árbol de su gracia
Como el naufragio al barco más amado
Esto es grande y es triste
Porque no hay modo de cambiar los signos
Mi exaltación acaso te asustaba
Ella era real como las tempestades
Perdona lo que venga y es que ya ha nacido
No es culpa mía si el destino habla
Entre el cielo y la tierra
Hay algo grande que comienza
Tierra y cielo sienten temblar las rocas y las nubes
Cielo y tierra son cómplices del sueño
Y sus pájaros nacientes sin permiso

¿Serás mi estrella
Entre la vida y la muerte sorprendida?
Ven hacia mi más mía que mis huesos
Ven entre mirtos y mármoles profundos
¡Oh cuerpo del ritmo eterno!
¡Oh la amistad de músicas y cielos infinitos!
¡Oh belleza del mundo!
Permíteme acordarme de mí mismo

PALABRAS DE LA DANZA

Tierra de ritmo aéreo
Sangre raza escalonada hacia arriba
Profundidad geológica saliendo a luz en armonía
Células de antigua carne en nueva etapa
Tierra tierra para su cielo y traspasar su cielo
Hasta la negra nada giratoria y la locura del universo

Este gran torbellino de fuego originario y fuentes vivas
Este cuerpo de viento en su horizonte puro
No cae de su cumbre al drama sin razón precisa
Significa la luz herida gravemente

La paloma sonámbula
El árbol que sueña que se está ahogando
La piedra que rueda y cambia de planeta
Significa el despertar de las edades
El camino hacia adentro con sus ejércitos de hormigas
Que empiezan a cantar para subir de rango
Con su sangre que se pierde de vista
Antes de caer la noche
Con sus entrañas en lo más profundo
En lo anterior a todo pensamiento y la blancura misma
Significa hipnotizar los siglos y las montañas y los mares
Llegar en un delirio de veranos entre polo y polo

Con los ojos pictóricos
Levantar sus abismos en los brazos
Y morirse de sol sobre la hierba

Dice el torrente en vértigo de nubes y regiones
Aquí estoy para el triunfo de las viejas soledades
De las tumbas remotas que aprenden a volar

Aquí estoy entre los pueblos respirando
Sobre arenas calientes que se mueven
Aquí estoy con la fascinación de las esferas
En substancia de anhelos perdidos en la noche
Aquí estoy para atar el día a mis caderas
Y que la edad de piedra sea la edad de oro
Espantando las lágrimas que pudieran quemarse
Arrojando el dolor a sus eclipses solidarios
Aquí estoy como una perla errante en los espacios
Para tus vendavales infinitos
Y tu cráter abierto a su primer suspiro

TIEMPO – ESPACIO

Yo estaba sobre el tiempo
Sentado sobre el tiempo
Como un astro de flores y volcanes
Acaso como un dios o más bien un poeta
Veía pasar siluetas de dominios cometas y torrentes
Allá arriba entre silencios devorantes
Veía rostros estropeados en mi vida
Al fondo de un estanque que abre y cierra los ojos
Oía el correr del cielo entre sus dos orillas
Las estrellas que se fueron para no volver
Abajo hay cierta pretensión de vida
Fantasma de deseo de angustias y problemas en llamas
Espejos fascinantes como un bosque que se hunde en la
arena
Hay barcos crecedores en los atardeceres
Igual que los muertos que se llevan
Hay suspiros como quien se ahoga en su música
interna
Hay la vida que quiere ser vida
El día que se envenena con su luz excesiva
La noche como uno que llora
El cielo como uno que canta
La tierra como uno que anda
El mar como el que se esconde debajo de la mesa

Y luego por sobre todo y bajo todo
El espacio que quiere avenirse con el tiempo
El tiempo que no acepta insinuaciones

VEO EL UNIVERSO REDUCIDO

Veo el universo reducido
A una caja entre cirios y flores que se despiden
Me veo y veo a tantos otros
Ovejas de amargura
Sobre el abrevadero de tu ataúd
Bebiendo la eternidad y su belleza

Pobrecitas palomas malheridas
Lavando en la muerte
Su sangre y su dolor de muerte

Así estuvimos así estaremos
Grabados para siempre
En el recuerdo y su gran llaga
Y hemos de vernos siempre corderos desolados
Bebiendo tu dulzura y contando los minutos del[1]
¿En qué mares se mece este ataúd?
Con su velamen pronto
¿Zarpamos todos? ¿Por qué tú sola?
Yo mecía tu cuna de la muerte
Como un día meciste la cuna de mi vida

---

[1] Después de las palabras *minutos del* sigue una palabra ilegible en el manuscrito.

Mecía tu ataúd hecho un jardín
Lleno de rosas vestidas de viaje
Sobre las olas de la angustia

Oía cantar las aguas niñas hacia el sol
Y detrás de los rosales
Veía tu rostro y tu sonrisa
Como si te pasearas muy alegre
Tú sola satisfecha
En un planeta de llantos

¿Por qué embarcaste sola en ese barco
Y te sonríes?
Crujen las jarcias de tu velero
¿Conoces al piloto que arrojó el corazón a los tiburones
Y mira el hoyo en el pecho vacío
Como los ojos de los ciegos?
¿Qué barco es este que tiene tanta prisa
Que desgarra las anclas de nuestro corazón
Y corta todas las amarras?
¿Qué fantasma nocturno irguió las velas?
¿De dónde viene ese viento
Que te lleva como si fueras suya?
¿Pero no sabe que eres mía
Que me estás escrita en las entrañas
Que estás hirviendo en mi garganta?
¿Qué barco es este que no teme tantas lágrimas
Que no se asusta de los sollozos
Ni de los huracanes de nuestro pecho?
¿Qué barco es este que viene a desafiarme?

Oh marinero negro
No conoces mi fuerza de rebelde
Ignoras mi soberbia de monstruo arcaico

EL PASAJERO DE SU DESTINO

I

Es así como somos
Y como nos paseamos hoy sobre la tierra
Precedidos por los ruidos de nuestros antepasados
y seguidos por el dolor de nuestros hijos
Aferrados a nuestra edad y cantando cuando las rocas
lloran la muerte de un velero que han preferido sin
razón alguna
O tal vez porque lo vieron jugar en su infancia
O porque era hermoso todo lleno de viento viniendo del
país del viento
No tenemos miedo cuando el viento arranca las
palabras de nuestra garganta
No tenemos miedo de las ballenas ni de todos esos
monstruos que tienen más envergadura que una
campanada
No tenemos miedo de inclinarnos sobre vuestras
canciones de las cuales pueden saltar un géyser
amenazador y el vértigo infinito de las brumas
No tenemos miedo del más allá que se agita como un
mudo el más allá que va a saltar sobre nuestra razón
Y de ese frío lúcido que vela sobre la constelación
de nuestras inquietudes

Más absurdo que el muerto que han enterrado con la
mitad de una carta en el cerebro
Con una palabra fabulosa en medio de la lengua
Con un gran rostro entre dos hilos
de lágrimas al fondo de sus ojos
Esos ojos que se convertirán en tiernos guijarros sobre los
caminos del más allá
Todo esto es útil para la formación de la superficie
Para el interés del fuego impaciente en el fondo de su
antro
Y debemos señalar su trabajo y elogiar su ley

Es tarde en todos los rincones del mundo
Es tarde y el tarde va a hundirse en el mar
Sin soltar el timón del horizonte
Porque él es el jefe único él guarda el secreto
Él puede levantar el brazo y desatar de la muerte el
cadáver reciente
Ahora que tú tiemblas como el mar
El horizonte va a hundirse para siempre
Ahora que la selva se pasa al enemigo
Lánzate sobre el mar
Separando las olas como el cadáver separa la eternidad

Hombre tú ves que el mar se amalgama y tienes miedo
Tú bien podrías saltar por encima de la conflagración de
mentiras unánimes
Invade el terreno sideral sin vacilar
Invade los países del loco que te desprecia y te mira
con la parte inferior de su alma

Proclama tu importancia a la tribu sometida que
empieza a aparecer en el fondo del cielo

II

La tierra está en fiebre a causa de los cantos seculares de
los pájaros
Es el despertar inútil de la tribu iluminándose a cada paso
El mar lava sus olas sus olas que deben suavizar el mundo
Y esparcir sus caricias hasta la extinción de la comarca
Es probable que vayan a pulir el cielo como la proa de un
gran navío
Tal vez envejezcan antes que los árboles obsesionados
por fantasmas después de medianoche
Los árboles sin suerte los árboles perdidos como el
abuelo que trata de salir de nuestra profundidad
Y hacer gestos de ausencia en el vacío
He aquí el acontecimiento abrupto después de la perdición
He ahí la habitual desdicha del que no puede detener los
ríos
Y debe llorar sus muertes como las montañas
En vano él quisiera cerrar el mar
Mañana las espumas emitirán un pensamiento nuevo
Harán coronas brillantes para mi corazón capaz de
rodar como vuestros mejores veleros
La catástrofe memorable huye sin esperar el resultado
Se hunde a velas desplegadas en las aguas antiguas
Sin siquiera mirar al rey a la deriva que ha olvidado las
maniobras de excepción

He visto como nadie surgir bajo mis pies la abierta
soledad
Y he sentido en mis ojos el sobresalto estelar
El tal vez idéntico a los parajes desconocidos
La lejanía sin solución

El sitio de la altura en donde alguien ha dejado la huella
de sus pies
La punta extrema del árbol en donde empieza el infinito
Y el mar a lo lejos como el terror de la noche
Silencio os suplico silencio
Hay un sueño que pasa entre los hombres
Hay un sueño en marcha entre los hombres y
los presagios
Tenemos sed de un sitio sin inquietud y sin cálculo
En donde el demonio de la tempestad tendrá los ojos
marchitos y los cabellos cortados
Silencio te suplico
Mira pasar la nave hipnotizada de mi alma
Arrastrando una larga barba de agua
Mira esa estrella en el fondo del cielo
Esa estrella que se aleja con todos sus marineros

III

Es preciso arrojar los números y seguirlos con nuestros
ojos
Verlos tomar su puesto buscar la elevación injusta
del humo

O bien caer al fondo de la memoria
Te digo que no hay que dejarse enrollar por el viento
Que es necesario llamar a la puerta del torbellino
Nunca debes huir al acercamiento del horror
ni de la simple novia que canta la alegría de sus arterias
Ningún abismo debe perturbar el reír de tus
dientes heroicos
Ningún aliento debe empañar el metal de tu alma
Ni remecer tus edificios internos
Quiero verlos brillar siempre con el mismo fósforo
del tiempo
Encima del ala viril inmovilizada a causa de su blancura
No esperes ese encuentro prometido en los profundos
terciopelos eternos
Es preciso cubrir el naufragio bajo un edredón de lana
Es preciso saludar los oráculos del mar
Encadenar el paraíso bajo el fuego de nuestra voz
Devolver nuestro corazón a su tienda
No queremos reparticiones gratuitas antes de la vida
Es preciso tapar el naufragio con un corcho cualquiera
Olvidar el vuelo de las manos desesperadas
No hay circunstancias atenuantes para el cielo
Yo no quiero resbalar sobre las nubes ni caer en trampas
tendidas por el enemigo que no se nombra
Que la muerte desesperada aúlle y que lance su simiente
Que tambalee entre las piedras de sus abismos
Que divida los hombres
Que divida los hombres digo en rangos de sombra y de luz
La insinuación del misterio
La alternativa de dos orillas a escoger

Tampoco así me verás temblar
He aquí el polo sin fin he aquí el mar
He aquí el naufragio bajo una tapa de metal
El naufragio es el plato del cielo
No me verás temblar
Ni aun al ras de la medianoche definitiva
De esa virginal medianoche de todo hombre que nos
espera a la orilla de nosotros mismos
De esa última medianoche que recae a veces con la quilla
en el aire
No me verás temblar
Muy al contrario meceré las sombras en torno mío
Prepararé yo mismo el viento que deba empujarme
El gran viento solitario que quiere abrazar el destino
Tras de la postrera roca en donde se aferra la última
sirena fatigada bajo el peso de sus cabellos sonoros

He aquí la roca sombría o primer semáforo del infinito
irresistible solo semejante a los ojos del vértigo
He aquí erguida la roca tenebrosa como la estatua del
destino
Más allá está la zona sin frente ni cuerpo
La zona amarga como el viento después del rayo
La zona vacía en donde una pluma planea desde el
principio del mundo
En donde todo se sepulta y se disuelve en el espesor
de un manto irrisorio que cubre a los mendigos cósmicos
Los mendigos en agonía milenaria que se arrastran
atados por la ley de las alucinaciones buscando una
evidencia

LA MUERTE QUE ALGUIEN ESPERA

La muerte que alguien espera
La muerte que alguien aleja
La muerte que va por el camino
La muerte que viene taciturna
La muerte que enciende las bujías
La muerte que se sienta en la montaña
La muerte que abre la ventana
La muerte que apaga los faroles
La muerte que aprieta la garganta
La muerte que cierra los riñones
La muerte que rompe la cabeza
La muerte que muerde las entrañas
La muerte que no sabe si debe cantar
La muerte que alguien entreabre
La muerte que alguien hace sonreír
La muerte que alguien hace llorar

La muerte que no puede vivir sin nosotros

La muerte que viene al galope del caballo
La muerte que llueve en grandes estampidos

ÍNDICE

ÚLTIMOS POEMAS

Esta primera edición de
Últimos poemas
se acabó de imprimir
el 4 de diciembre de 2023
en Madrid.